시
랑
노
랫
말

가슴을 달래는
사랑 노랫말

박울보 글·사진

좋은땅

말 놀이

애, 너 이리 와 봐
(으음, 저요)
그래 큰 놈 너 이리오렴
(예앵)
내가 말이다
네게 들려줄 나만의 슬픈 이야기 즉 푸념거리가 있다
들어줄 테냐
(안 돼)
네게 좋은 것이 생길 수도 있는데
(어떤 건데요)
용돈을 벌 수 있는 기회가 될 수도 있다
(그럼 들을게요)
먼저 나온 게 아프로디테고 나중 나온 게 아테나란다
아프로디테는 어려서부터 무척이나 깜찍하고 예뻤단다
앞으로도 예쁘고 뒤태도 예뻐서 앞으로뒤태라 이름 짓고
소리나는 발음대로 순화시켜 다시 아프로디테라 부르고 썼다
너도 알다시피 미의 여신을 희랍에서 아프로디테라 하고,
로마에서는 베누스라 하고, 영어권에선 비너스라 부르잖아
대리석으로 만든 밀로의 비너스라고 들어봤지
(네, 사랑의 여신 조각상이죠)
엄밀히 말하면 희랍에 있는 섬에서 발견하였으니,
밀로스의 아프로디테라고 명명해야 정확하리라 보지만
영어로 장난을 쳐서 밀로의 비너스로 전파되었지 싶다
양팔만 아직 발견되지 않아 아직 완전체는 아니지

이 작품으로 인해 미녀의 기준점 두 가지가 생겨났단다
(그게 뭐예요)
하나는 짝발짚기인 콘트라포스토(Contrapposto)로
짝다리로 균형을 잡아 S자 몸매를 생겨나게 하는 자세다
오늘날 패션쇼에서 모델이 역동성 매력을 뽐낼 때 사용하지
또 하나는 팔 등신 비율이라는 캐논(Cannon)이란다
전체 키가 얼굴 길이로 여덟 개 펼친 거라 보면 된다
요즘엔 진화 거듭해서 구 등신, 십 등신 미녀도 있다고 하네
아이브의 사공이 구 등신이라는 소문이지만
십 등신은 아마 서양에나 있지 않을까 싶다
(아테나는 뭐예요)
아테나는 뉴욕의 상징인 자유의 여신상이지
칠 대륙 왕관 쓰고, 독립선언책자 들고, 이성의 횃불로 빛을 밝히지, 원래는 구릿빛이었는데 세월의 풍파를 겪으며 고색창연한 푸른색이 되었다네, 미학적으로 파티나(Patina)의 정취와 멋이 깃들어 있다고 말한다지
이제 본론으로 들어가 보자
아프로디테는 어릴 때 너무 귀여워 다들 탤런트감이라 했지
그녀를 본 사람은 누구나 침이 마르도록 예쁘다 칭찬했다
어릴 땐 그 순수하던 천사가 커서는 나를 애태운다
내 전화나 문자에 열 번 중 한두 번만 응답한다
아테난 어릴 때 동굴 같은 아쿠아리움에서 진가를 발휘했지
울음보 터지면 동굴 속 뭇 시선을 집중시키는 마력을 가졌지
어릴 땐 슬기롭던 아기가 좀 커서는 나를 완전 무시하더라
아테나는 뭐 그리 바쁜지 내 연락에 아예 응답을 안 한다
그러니 내가 답답하고 슬프지 않을 수가 없다
이제 문제를 내겠다.
(무슨 문제요)
이걸 맞춰야 용돈을 벌 수 있다

아프로디테는 과연 누구일까요?
① 엄마 ② 이모 ③ 동생 ④ 너 자신
(으잉, 힌트 주세요)
이모 귀에 이분 **비너스**야라고 속삭이고, 엄마 귀엔 팔 등신, 구 등신, 십 등신은 너무 기니까 그냥 **등신**이야라고 말하고 빨리 돌아와라
그 둘 중 화를 내는 사람은 정답이 될 수 없다
(엄만 칭찬을 했는데 왜 화를 낼까요, 이모가 답이네요)
다음 문제는 아테나 누구일까요?
① 이모 ② 엄마 ③ 언니 ④ 너
(힌트 부탁해요)
첫 문제 보기를 지우면 답도 보일 것이다
(아니, 착한 언니가 그 못된 올빼미라구요)
딩동댕 참 잘했어요
옜다, 네 힘과 지혜로 벌은 첫 용돈이다
아주 까다로운 문제도 다 맞혔으니 사탕도 같이 넣었다
앞으로도 공짜 용돈은 없다
노래를 부르든가 춤을 추든가 너의 재능을 보여 줘야만
네가 가장 좋아하는 용돈을 내게서 벌 기회가 주어지니까
(어깨 안마해 줘도 기회 주나요)
물론, 당근이지

   아프면
      여행을
         꺼린다
            건강하자

목차

5	말 놀이	34	사랑 찾기(보고파라)
		35	사랑은 하나(합주)
10	헤아려 주기(주례사)	36	팬심(열애)
11	텃밭에서(애칭)	37	환심 사기(너만 보여)
12	눈물 속엔(일희일비)	38	홀로 사랑(편련)
13	첫눈에 반했지(불멸의 사랑)	39	사랑 잊지 마(느낌 알잖아)
14	맨발 걷기(땅을 밟자)	40	꺼벙이 청춘(사랑 떠났네)
15	새길(자연은 아프다)	41	사랑 상처(사랑은 불이야)
16	가을산책(가을이 가네)	42	동심으로(실록으로)
17	풍경 뭐야(첫눈이 버겁다)	43	새욕장(바가지 샘)
18	아이 언어(아동문학)	44	햇빛달빛(소중한 빛)
19	큰 애기들(내가 졌다)	45	하늘의 조화(변덕부리지)
20	사는 재미(힘도 들고 나지)	46	내맘네맘(삶의 가치)
21	빈 놀이터(새들 쉼터)	47	뱃놀이(우정 쌓기)
22	고양이 마을(도시의 자연)	48	손편지(일대기)
23	둥지 수호(생사를 건다)	49	술 약속(우정도 늙지)
24	여심(냥이도 알지)	50	노안일까(젊은 할매)
25	생일 소원(용돈을 주랴)	51	가보(불멸의 혼)
26	상생(주고받기)	52	감주인(까치밥)
27	소나기(오보 체험)	53	희화화(중년 미팅)
28	착시(미끼)	54	초고령사회(돈 따르지)
29	늙어도(추워도)	55	고주망태(망각의 샘)
30	애기소리(그냥 웃자)	56	철부지들(엄마라 참는다)
31	세상에나(추태)	57	선물일까(짐일까)
32	이심전심(알고 싶어라)	58	말일(봄이 가네)
33	노후생각(억척빼기)	59	통통배(만찬)

60	제 새끼(판박이)	88	정신 차려(화내지 마)
61	뒤안길(내리막)	89	녹초(불씨)
62	사랑바람(항상 불지)	90	계절타기(봄은 온다)
63	벽꽂이(박제장미)	91	열대야(파란불)
64	빨간 사랑(꿈결 사랑)	92	꿀잠(보약이지)
65	사랑주(사랑도취)	93	소망(긴 꿈)
66	초봄 새터(봄이 오네)	94	자기 수련(나를 지키자)
67	아이려니(참고 견디자)	95	천성(습관)
68	참사랑(참아라 아가야)	96	한끗차이(인생은 빼기)
69	낯가림(울먹이 뚝)	97	바른생활(심신안정)
70	말벗(단짝패)	98	봄 그리기(수채화)
71	번개모임(불참댓가)	99	이상한 여름(꿀도 바뀌지)
72	가을 오네(모임하자)	100	조석(해와 달)
73	무위도식(노후일자리)	101	새해 아침(밝은 해)
74	고향언어(말버릇)	102	산타기(술도 한잔)
75	내가 한 짓(바보 맞아)	103	야간경기(시원하네)
76	내 고향(읍이 셋)	104	은퇴적기(연세 입문)
77	하늘아(하늘이시여)	105	여배 열기(리듬 타기)
78	홀로 외침(미운 메아리)	106	지각(학교는 가야지)
79	비움(연심털기)	107	부부싸움(이겨도 진다)
80	미운사랑(불장난)	108	저출생(만혼 후폭풍)
81	별리(메별)	109	남자란(여자가 안다)
82	형제애(상호작용)	110	어쩌나(혼돈)
83	우스갯소리(농담)	111	장마기록(다시 쓸까)
84	거울효과(잉꼬사랑)	112	한강님(위인 되다)
85	김장철(봐야 배우지)	113	갈아타기(환생)
86	동상이몽(해바라기)	114	장발(변신)
87	너만 바라봐(넌 모를 테지)	115	면도유희(수염깎기)

헤아려 주기(주례사)

아버지도 어머니도
교사부모 사례에 따라
자아 추구하라 가르치죠
오래오래 사세요 가히 모시리다

사내로서 여자로도
미소부부 가례에 따라
미워도 이해하라 깨우치죠
두고두고 새겨요 오래 해로하리

너하고 나하고 마주보며
서로 위해 주고 위로하자
서로 바라보고 다가서자
아무도 모르게 모아 보자
너도나도 하나고 하나다
이래저래 무지개 피리라

텃밭에서(애칭)

아가야 너 아니
애는 쑥이란다
비가 오고나면
쓰윽 자라난다 해서
쑥이라 이름 붙였다

아가야 또 아니
쟤는 무라 한다
비를 맞고 나면
맛이 사라진다 해서
무우라 이름 지었다

아가야 요참에
너는 뭐라 할까
목욕하고 나면
해맑게 웃으니까
환해라 이름 지울까

눈물 속엔(일희일비)

눈물 속엔
슬픔도 기쁨도 있다
얼굴 표정 변한다
식장에 아비와 딸이
손잡고 입장한다
아비는 서운함 담고
딸내민 감사함 품고

눈물 속엔
절망도 희망도 있다
얼굴색이 다르다
식장에 엄마와 아기가
포대기 둘러맸다
엄마는 막막함 담고
아기는 해맑음 품고

첫눈에 반했지 (불멸의 사랑)

너는 나의 여자이길
나는 너의 남자이길
어느 해 첫눈 올 때
서로가 품었던 언약
강산이 변하고 나서
잊혀진 줄 알았는데
오늘 첫눈이 수북이
산하를 쌓아 덮으니
문득 그날 떠오르네
멀리 떨어져 살면서
소문 다 끊어졌는데
첫눈에 첫사랑이 또
눈가에 아른대는 건
끊지 못할 미련이지

맨발 걷기(땅을 밟자)

벚꽃길은 맘 홀린 아름드리 눈길이고
아까시꽃길은 향기로 취하는 콧길이지
지난번 벚길은 신발을 신고 걸었지만
이번 아까시길은 맨발로도 푹신하느나
여사들 황톳길 맨발 걷기가 신기해서
한 달 전부터 따라해 보았는데 아직은
그분들만큼 성큼성큼 걷지를 못하네
오늘은 그나마 꽃길이 생겨 발걸음이
어제보단 사뿐사뿐 빨라지고 흥겹네
조금 더 고통에 새겨진 굳은살 박이면
산 숲길도 따끔 없이 갈 수 있을까 싶소
지압술에 밤잠을 더 깊이 잘 수 있다오

새길(자연은 아프다)

친숙한 황톳길에 야자매트 덮으니
맨발 걷기 공간이 엄청 줄어들었네
시멘트길 경사로도 새로이 생겨나
울타리가 출입구로 변한 황토숲길
전에 없던 이들이 짝지어 산책하네
그간 뻔한 사람만 출입하던 곳인데
낯선 자 새길 호기심에 몰려들었네
폭우로 깎이는 동산을 보호코자 한
공권력 노력이 사람들 꾀어 모았네
새로운 자연훼손이 외려 걱정 크다
소수만 품는 자연미 점점 사라지고
발길 늘리는 인공미 차차 넓어지니
입소문 타고 건강산책 성지로 올라
무섭게 순례객들 방문할까 두렵소

가을산책(가을이 가네)

가을이 가려고
낙엽이 쌓이네
솔길을 걷게 되면
늘 푸른 세상에
건강한 향기를 주고
참나무숲 지나면
발길 시끄러운 세상을
달래는 풍자시 짓고
밤송이 오솔길 들어서면
가시밭 위태한 세상에
따가운 독설을 퍼붓고
다시 흙길에 나오면
바람 실린 먼지처럼
다 버리라 깨우치네

풍경 뭐야(첫눈이 버겁다)

아침이 밝아 눈뜨니
창문 밖 숲에 첫눈이
이미 수북이 쌓였다
해가 잠깐 반짝이다
하늘색이 희뿌옇다
바람에 눈이 날린다
함박눈 펑펑 내린다
잠시 잔잔해지더니
다시 줄줄 퍼붓는다
나무들이 솜사탕 두둑이
짊어지니 풍경 참 좋다
세상 나가니 온통 난리다
부러지고 쓰러지고 휩쓸리고
첫눈이 너무 많이 왔구나

아이 언어(아동문학)

놀이터 샛길 들어서니
아이들 소리가 들린다
맑고 청아한 고운 소리
아가들의 말이 들린다
가식 없고 꾸밈없는 말
아가들 얼굴이 보인다
순수하고 예쁜 눈동자
신나서 애들이 언어를 쏟다
어떤 얘기인지 알지 못하고
어른은 그저 코웃음만 난다
세상사 저런 때도 있었겠지
기억엔 없지만 엄마도 모를
아이만 아는 아이들의 말로
소통해 손짓 섞어 놀았겠지

큰 애기들(내가 졌다)

비둘기 놀이터로 변한 공설놀이터
열 살쯤 돼 보이는 여자애들 셋이
맨 바닥에 엉덩이 붙여 수다를 떤다
통통한 한 아이와 눈이 쫙 마주친다
눈짓으로 일어나 다른 곳에 앉아라
신호를 주니 양손으로 두 눈 가린다
다가가 비둘기 많은 곳이란다 하니
우리도 알고 있어요 셋이 합창한다
비둘기 똥 싸고 털 내는 곳인데 아니
그런 거 다 알고 여기 앉아 노는걸요
옆에 나무의자로 옮겨 앉으면 어때
아뇨 이대로 좋아요 낭만 있잖아요
얼어 죽을 낭만이 동심에 가득 찼군
그래 너희 참 건강하구나 돌아선다

사는 재미(힘도 들고 나지)

같은 옷 입고 다른 얼굴 한 쌍둥 여아
공원 놀이터 앞을 가르고 뒤를 따른다
하나가 할미 따라 계단 언덕에 오른다
다른 하나가 아래서 할머니를 찾는다
하나가 잠깐 동안 낙엽더미를 보더니
멋지다며 발길질로 낙엽을 흩날린다
할미가 북데기 북데기 소리 내 외친다
어릴 때 시골 엄마가 팔랑개비 돌려
벼를 분리시켜 쌓은 짚풀에서 놀다
옷 버린다 혼이 났던 그 용어 북데기가
논도 없는 도시에서 요즘도 쓰이다니
다른 하나가 뒤쪽에서 역기를 만진다
할미 기겁하며 위험하니 건들지 마라
달래며 산 교육 시키느라 정신이 없다

빈 놀이터(새들 쉼터)

아침에도 점심때도
저녁 무렵에도 텅 빈
어린이 전용 놀이터
그네도 미끄럼틀에도
아이도 엄마도 없다
한 해 전에 아이들이
시끌벅적 놀던 곳이
행인 급히 질러가는
지름길 역할만 하네
인적이 머물지 않고
손길 관리도 안 되니
비둘기 떼 지어 쉬다
똥 쌓이고 털 날리는
비둘기 새터 되었네

고양이 마을(도시의 자연)

부은 눈을 안정 취하려고
도시촌 태연히 둘러본다
여기 집구석 지하공간엔
누런 고양이가 살고 있다
저기 어린이집 외벽 틈엔
흑백 얼룩고양이가 살고
정원 산수유 화단 풀 속엔
흰 고양이 두 마리가 살고
동산 언덕 벚나무 그늘엔
검은 고양이 숨어서 살고
정상의 통나무 장작더미엔
재색 고양이 새끼랑 살지요
작지만 살기에 편한 마을에
각양각색 고양이 두루 살죠

둥지 수호(생사를 건다)

황톳길로 내려와 산허리에 섰다
고양이 하나 비탈길로 달려온다
야생인데 왜 사람한테 다가올까
주변 새들이 시끄럽게 지져댄다
사람 뒤통수도 때리는 물까치 떼
눈가만 파랑인 흑고양이 쫓는다
새들이 하나씩 번갈아 폭격한다
냥이가 사람 옆에서 눈치를 본다
나무 앉은 새들이 연신 을러댄다
사람도 못 믿고 반대편 도주하자
준비된 추격자 번갈아 공격한다
다시 비탈길 거슬러 언덕에 서니
임무 마친 새들 하나씩 복귀한다
포식자 떠나고 보호자 안심한다

여심(냥이도 알지)

밤이 오는 길목에 밖을 나섰다
강아지 끌고 산책하는 사람들
하나둘씩 스쳐 지나가는 공원
저만치 앞에서 여자들이 모여
소곤소곤대며 서로 푸념거리
옳고 그름 따짐 없이 공감한다
언덕배기 걸어 동산입구 서니
고양이 두 마리 귀를 기울이며
고개 끄덕끄덕대며 앉아 있다
여섯 보 맞은편 상대 보아하니
황혼인 여인 둘이 나란히 앉아
속상한 얘기 서로 달래고 있다
한 분은 냥이 밥 주는 이모겠지
남자들 얘기는 관심도 없는데
여자들 얘기만 귀 쫑긋하니까

생일 소원(용돈을 주랴)

아가야 나 좀 보자
생일인데 뭘 바라나
네가 원하는 바 이룰
함박웃음 띠어 보렴아
세상 젤 이쁜 미소구나
이번엔 흠뻑 울어 보렴
세상 젤 슬픈 울림이군
다음은 최애 노래 해 봐
매일 듣고픈 소리구나
그리고 최애 춤도 추렴
춤선이 사뿐 나비로다
그럼 개와 고양이 중에
뭐가 더 귀여운 것이냐
오 나도 고양이 쪽인데
옜다 귀하신 너의 소원

상생(주고받기)

모든 꽃마다
착한 나비만
받아 주진 않지
사나운 꿀벌도
못생긴 파리도
다 찾게 해 주지
꿀은 쏙 내어 주고
새 생명 잉태하지
서로가 생존본능
진리를 따른다오

소나기(오보 체험)

비 내리니까 비가 오니까
그만 멈춰야만 하겠지요
숲에 들어설 땐 이슬비로
시원해서 견딜 만했는데
갑자기 커져버린 빗줄기
우산도 버티질 못하네요
오늘의 산책은 이쯤 해서
일상의 중간만 채우고서
이젠 집에 가자 하지요
서너 시간 비가 멈출 거란
빗맞은 일기예보 타령에
아쉬운 날숨만 뱉어내죠
비가 오니까 빗속을 뚫고
보금자리 찾아가렵니다

착시(미끼)

이도저도 아닌 어중간
가을 물들어가는 때라
알록달록 동산 변한다
오도 가도 못할 어정쩡
벚나무는 얼굴 붉히고
참나무는 누렇게 떴다
밑도 끝도 없이 얼떨떨
솔향기에 취한 비둘기
하늘 위로 참매가 돈다
어찌저찌 않고 어물쩍
다람쥐는 굴속에 숨어
비둘기 잣송이 노린다
꼭대기에 놓인 하얀 집
지붕 위는 온통 파랗다

늙어도(추워도)

백발 단장한 노부부
추운데 산책 오셨다
빙판길에 들어서니
두 분 손을 꼭 잡고
서로에게 의지한다
마른 길에 다다르니
잡은 손을 풀어 주어
편한 걷기를 하신다
어려운 길은 뭉치고
쉬운 길은 따로 간다
할배가 할매 귓가에
조곤조곤 속삭인다
바람은 생각보단
차갑지는 않다고

애기소리(그냥 웃자)

애기가 외친다
참 잘했어
큰 언니 짱이란다
애기가 깨운다
빨리 정신 차려
작은 언니 꿈 깨라 한다
아기가 언니들 다룬다
두 살배기가 열 살 말로
칭찬하고 일깨운다
식탁에 앉아
숟가락 짱짱대며
소리를 높인다
빨리 밥 나오라고
이목 집중시켜 웃는다

세상에나(추태)

우리 때는
선생님이 아무런 이유도 없이
학생인 우리를 때려 맞았는데
요즘 학생들은 왜 간섭하느냐고
선생을 마구잡이 폭행도 한다네
나 때는
사장님이 제왕처럼 군림하며
이래저래 일을 마구 시켰는데
요즘은 노조간부가 주인인 양
사장님 눈치껏 시켜라 한다네
그때는
서방님을 하늘처럼 떠받들며
친정집 대문도 넘질 못했는데
요즘은 마눌님이 하늘이 되어
시댁을 기억에서 지우라 하네
한때는
아기가 태어나면 또 죽을까 봐
우려하며 애지중지 키웠는데
요즘은 생계 곤란할까 두려워
예쁜 아가를 쉽게 버린다 하네

이심전심(알고 싶어라)

이문은 적게
인심은 많게
이런 철학으로
장사를 한다 하면
당신은 나와
같이 살 수 있을까요
알고 싶어요 그 마음

욕심은 적게
인정은 많게
이런 생각으로
사업을 벌인다면
당신은 나를
존중할 수 있을까요
알려 주시오 그 관심

노후생각(억척빼기)

구순을 향해 가는
흰 구름 우리 엄니
다리 수술도 받고
병약한 체구지만
젊디젊은 나보다
하는 일이 많으시다
억척스레 사시면서
힘든 일 그만해라 해도
농사일 놓질 못하시지
사회동기 친구 하나는
삼십 년 농사만 짓는데
엄니 기준으로 따지자면
삼십 년 더 지어야 하지
직장은퇴로 쉬는 나이지만
친구 길 따라갈까 싶다가도
억척이 용기 나질 않는구나

사랑 찾기(보고파라)

나를 살려 주시오
당신 따라 가리다
해돋이 희망 품고
석양의 놀빛 지면
등불 따라 거닐고
어둠 헤쳐 가리다
풀피리 가락 높여
옥피리 장단 깔고
바다면 돛배 타고
하늘은 구름 타고
사랑스런 맘 찾아
달과 별을 따라서
꽃님 보러 가리다
당신 곁에 살리라

사랑은 하나(합주)

너랑 나의 합은 어떨까 알아보자
지켜보는 사람 모두 둘로 보지만
우리 입장에선 하나로 딱 셈하자
너는 날 신뢰하고 나도 그러하지
서로 믿음이 뭉쳐 있으니 하나지
숲 나무들이 열기에 맥이 빠지면
두 손으로 리듬 맞춰 지휘를 하자
너의 왼손과 내 오른손이 짝 되어
왼손으론 마파람 불러 모아 뿌려
나무들이 귀여운 율동 추게 하고
오른손은 구름을 띄워 해 가리고
푸른 잎 시들지 않게 그늘 만들자
언젠간 맺은 인연 자연에 녹지만
사랑 풍속은 영원히 빛나게 하자

팬심(열애)

보라 자줏빛 자태
율동 섞은 노래는
고귀한 님의 마술
옛날에 가장 귀한
뿔소라 눈물로 짠
신이 선물한 자색
어스름 조명 받고
눈을 홀리는 손짓
귀를 홀리는 음색
맘을 홀리는 가사
내 혼신을 다해서
가을이 가기 전에
당신 더 빛나도록
찐 사랑꾼 되리라

환심 사기(너만 보여)

너는 또 웃는구나
매무시 가다듬고
안녕 입발림하네
목소리도 순하게
눈웃음도 살갑게
모두를 홀리네
너만 바라보라고

나도 또 미소 짓네
가르마 빗질하고
만세 손짓을 하네
목도리로 싸매고
손바닥을 가리며
너만이 짱이라
너만 바라본다고

홀로 사랑(편련)

너의 세계로 들어가
나만의 당신이 되어
세작 맛을 보여 주곤
눈과 귀도 멀었었다
당신께 잘 보이려고
않던 화장 향수 치고
애완 선물 주고받고
너무 일찍 흑심 들켜
만나길 멀리한 그대
세월 흘러 겨우 찾아
마음 꺼내어 보지만
실소 금치 못하였죠
어째야 너의 당신이
될 수가 있는 걸까요

사랑 잊지 마(느낌 알잖아)

칼새 날개 달고 달려 날아오는 너
가까이 다가오면 급히 피하는 나
속도가 너무 빨라 서로 충돌하면
다칠까 봐 피하는 것으로 생각해
속은 사랑해 사랑할 거야 하지만
현실은 미안해 떠날 거야 할 거야
입 내어 마르면서 꽃대를 세우고
꽃이 피면 잎이 지는 상사화처럼
멋진 별들 새겨 그리워하며 살자
눈 먼 마술에 홀려 허우적거리다
파닥거리며 곁에 앉으려 하지 마
다가오면 나는 빨리 지는 거니까
함께하진 못해도 느낌 알게 되는
묵직한 사랑은 영원히 남겨야지

꺼병이 청춘(사랑 떠났네)

생애 최고라 자평했던 그때 그날은
언제고 뜻만 닿으면 만날 수 있었지
둘이 마주한 마지막 날인 줄 모르고
나란히 걷던 그 길에서 눈 마주치면
예전 추억 들추어 기억 질문 나눴지
안개비 내렸지만 우산 필요 없었지
그러다 일 얘기 나오면 속이 쓰렸지
아직도 자리 잡지 못해 방황 중인지라
열정을 쏟다보면 빛 볼 날 올 거라고
서로 속마음 토닥여 행운 또 빌었지
운명의 장난 귀신 모르게 다가오지
멀어진 거리만큼 인생도 달리 갔지
새 인연에 얽혀 망각의 샘물 마셨지
사랑은 맺지 못하고 흔적만 남았지

사랑 상처(사랑은 불이야)

오빠다 예전 알고 지내다 멀어진
사랑하지만 보다 더 미워할 만큼
가슴앓이 고질병 달고 살던 도령
젊어 호기 부릴 땐 선녀인양 만나
성냥갑 그려진 모델이냐 물었지
추운 날 따뜻한 차도 끓여주면서
재미난 얘기도 어디서 알아와선
마술 부리듯 싱글벙글 웃게 했지
넘치는 수다와 미소에 정신 나가
당신 심장 속에 들어가려 애쓰면
자신은 성냥갑 소녀가 아니라고
양손 흔들어 뿌리쳤던 들고양이
오랜 세월 지나 우연히 마주치면
그땐 아는 체 못 할까 봐 두렵소

동심으로(실록으로)

창 너머 앙상하던 숲이
속살까지 다 보여 주다
부끄러움에 겨운지
점점 애기손 펼치며
화려하게 치장한다
핑크빛 진달래
황금빛 개나리
백옥빛 목련이
어쩜 이리 잘도 자라
어릴 적 희망을 깨울까
다시금 푸른 꿈이 생겨나
분수처럼 솟아 차오른다
하늘나라 할아버지 남기신
하모니카로 봄을 노래한다

새욕장(바가지 샘)

나무그늘 아래 누워
하늘을 우러러 본다
꿀벌 공중제비 돌고
까치가 흰 배로 날고
비행기 반대로 간다
일어나 수돗가 보니
콩새 짹짹 장단치며
누가 담은 바가지 물
나들며 물장구친다
다시 날갯짓 춤추다
나무로 모습 감춘다
물 낭비 욕 해댔는데
새들 샘물 용도였어
새물 갈아 놓고 가네

햇빛달빛(소중한 빛)

해가 바다 위로 빼꼼이 얼굴 내밀어
붉은 홍시처럼 수줍음 띠고 나오지
어쩜 찬란한 하루가 시작됨 알리고
기쁨과 행복 가득하길 기도드리지
생명을 이어가는 빛을 세상에 주고
열정을 태워 만물의 조화를 이끌지
서산 넘어가며 희망의 불씨 사르고
석양 지면 달이 나서 밤하늘 밝히지
서쪽에서 뜬 초승달은 눈웃음 주고
남쪽에서 뜬 반달은 공평 저울추로
동쪽에 뜬 보름달은 소원을 빈다네
달님이 토끼 시켜 찧어대며 부르는
방아타령 소리에 깊은 잠 빠져들면
내일은 더 밝은 해오름축제 꿈꾸지

하늘의 조화(변덕부리지)

아침이라 눈부신 햇살 비추고
맑고 푸르른 하늘이 열린다
불그름 열정이 마음을 다진다

어느새 양떼구름 선단이 몰려와
하늘의 반은 하얗고 반은 푸르다
양떼가 여울져 줄줄이 흐른다

북풍이 불현 듯 먹구름 싣고 와
하늘을 어둡고 쓸쓸하게 먹칠한다
고뇌가 세찬 폭풍처럼 몰아친다

잦아든 바람에 햇빛 조명 켜더니
먹구름 흔적도 없이 싹 지워진다
어스름 석양 노을이 짙게 물든다

내맘네맘(삶의 가치)

예뻐 정말 안 예쁜 데가 없더라구
(부러움 살 정도로 예쁘진 않지)
아늑한 집 밖은 모르고 살아가지
하얀 근육에 둥근 눈 깜빡거리며
해맑은 아가 미소 둥실 띄우잖아
(순둥순둥 사는 게 꼭 좋은 걸까)
모질고 악쓰며 사는 것보단 낫지
먹고 사는 걱정도 향락도 모르고
그게 행복이고 잘 사는 인생이지
(여행 체험하는 인생이 더 좋지)
경험 없이 세상 아는 방법은 많아
그림과 시 느낌 알면 상상만으로
우주진리 찾는 모험도 하리라 봐
(그래도 사람 속 삶이 좋다고 봐)

뱃놀이(우정 쌓기)

무더워진 더위 식혀 본다고
다들 모여서 거기서 놀자네
누구는 바빠서 못 간다 하고
누구는 무서워 안 간다 하고
누구는 아파서 몸 사려하지
젊어서 애들과 거기 갔을 때
노 젓는 일 지쳐 짜증 났었고
나이 든 지금 더 힘겨울 테지
친구들 모여서 회포 나누며
온갖 수다로 맛난 거 먹으면
일 년치 웃음 다 웃고 볼 테지
목적지 닿아 노란 조끼 입고
가장 깊은 물 헤집고 올라가
우정의 함성 외치고 오겠지

손편지(일대기)

상단은 동심을 이야기로 풀어 쓰자
어릴 적 별명은 똘망이라고 하더군
커서도 처음 듣는 칭호라 멋쩍었지
개구지고 잘난 척 잘하는 왕눈이로
선생님 질문하면 심장이 콩닥거려
답하길 침묵하며 머리를 긁적여도
눈만 똘망똘망 깜박여서 붙였다네
힘들어간 눈망울로 반문한 것일까
중단은 사랑을 옆으로 뉘여 쓰자
성인이 대학에서 선녀를 보았다지
생일을 어찌 알았는지 선물이라며
화분에 심겨진 축하란을 가져왔지
눈치가 없어 사랑 담긴 줄도 모르고
염치없이 생일 답례도 다 잊었다지
졸업 후 본 적 없이 따로 살아가다
길가 우연히 마주치면 잘 알아볼까
하단은 건강을 돌려 말하기로 쓰자
인생은 건강 잃기 전후로 갈린다네
전에는 친구 동료 다 잘 어울리며
혈기도 왕성하고 세상을 호령하며
축구 야구 등산과 골프도 좋아했지
후에는 모두 다 잊고 욕심을 줄여서
친숙한 고통과 고독을 달고 살면서
퇴색한 장미꽃도 사랑하게 되는 거지

술 약속(우정도 늙지)

친구가 전화로 묻네
오늘 왜 안 왔냐고
선약 지키느라 그랬지
어디 아파서가 아니라니
그나마 마음 놓인다 하네
다들 좋은 시간 가졌다니
건강히 지내는구나 싶다
지난번 모임 땐 재미 삼아
누구 머리 더 희나 쟀는데
올해는 또 어찌 변했을지
반전 일궈 젊어 보일런지
한편으론 궁금증 쌓이네
내년에 다시 만나게 되면
술내기 한판 벌여 보세나

노안일까(젊은 할매)

아파트단지 들어 도니
놀이터에서 퍼져 나온
여자들 깔깔거림 소리
생생하게 들려오는데
지팡이 세운 할머니가
나무 그늘에 앉으면서
엄마와 딸이 잘도 노네
칭찬조로 말을 놓으니
아이가 재밌게 웃는다
엄마 아니고 할머닌데
할매도 맞다 동조하며
둘이 깔깔깔 좋아한다
젊은 눈으로 살펴봐도
엄마처럼 보이긴 하네

가보(불멸의 혼)

간장 담던 종지가
찻잔으로 변신했다
오래된 백자기라네
어릴 적 찬장에 놓였던
그 많던 자기와 사기
그릇들 다 어디로 갔나
똘똘한 도자 하나 남아
귀한 명품 대접을 받네
혼수로 와 수대에 걸쳐
깨지지 않고 쓸모를 이어
술잔으로 시름도 달랬다
끈기로 생명력 유지한 채
조상의 얼을 일깨워주고
가풍을 잇는 보물 되었네

감주인(까치밥)

사람이 층층이 뭉쳐 사는 동네
이사 올 때부터 자생했던 감나무
그땐 서너 개쯤 달렸었던 열매가
지금은 오십 개도 넘게 매달렸다
매일 하나둘씩 붉은 홍시가 되어
꼭대기부터 익어 연해지는 무렵
역시 까치가 소란 떨며 방문하여
익은 감을 쪼아대며 간식 즐긴다
작년에도 재들이 여기 찾아와서
독식하며 비둘기 다 쫓아버렸지
힘 센 자가 식탁을 차지하는 때다
누군가 먹기 위해 심은 과수인데
아무도 감 따먹는 놀이는 안 한다
지나가며 눈 구경할 뿐인 시대다

희화화(중년 미팅)

꽃이 피었다
웃음꽃
한 남자가 스스로
무모하다 하길래
봤더니
머리숱이 적다고
그리 말한다
여자가
모욕은 아닌
재치로 웃는다
배꼽이 빠지게
눈물 날 정도로
울듯이 웃는다
말문도 막힌다

초고령사회(돈 따르지)

지금 태양을 먹어야 한다
요사이 흐리고 비도 많다
지난번엔 유치원이었는데
오늘 양로원으로 바뀌었네
사랑도 꿈도 이루지 못하고
꽃도 피기 전에 지고 말았네
아직도 유치원 놀이터에서
아이들 외침이 종소리처럼
마을로 퍼져 울리는 듯하네
양로원은 고요히 침묵한다
사람이 있는지도 모르겠고
외출 나온 휠체어 조용하다
저출생이 빚은 반이성시대
급변하는 돈줄타기 애 닳네

고주망태(망각의 샘)

엊그제 막걸리가 소주로 바뀌자
평소 신사분이 탈바꿈을 한다
혀 굴리고 옷 벗고 헛소리까지
아랫분들께 욕도 서슴없이 한다
사람이 망태로 찌든다
아침에 밤 기억을 못 한다
해맑게 소주로 해장하자 한다

어젯밤 병맥주가 소주를 만나자
단짝인 두 상사분이 서로 다툰다
주먹질에 발길질에 박치기까지
아랫분들이 말려도 체면 구긴다
사람이 추태를 부린다
점심에 둘이 헤헤거린다
둘이서 맥주 입가심 하잔다

철부지들(엄마라 참는다)

아들아 요즘 젊은이들 결혼을
잘 안 하려고 한다는데 너만은
대장부니까 장가 잘 가야 한다
여자는 너의 엄마처럼 착하면
그만이다 꼭 이쁠 필요는 없다
제가요 착한 여자 만나게 되면
이렇게 우격다짐 받을 거예요
당신은 착한 여자지요 그리고
나는 아직 나쁜 남자에 속해요
그러니까 착한 당신이 남자를
착하게 만들 의무 있는 거예요
나쁜 나를 착하게 만들어 주오
엄마 얼굴 붉으락푸르락한다
장가는 간다니 엄마는 참는다

선물일까(짐일까)

애미야 내년이 내 환갑이다
아버님 무엇을 해 드릴까요
너희 딸 하나가 무남독녀로
세상에서 가장 큰 선물이다
그런데 말이다 사람이 말야
한 발로 서면 불안하질 않냐
두 발로 서야 균형이 서니까
애비랑 맞춰 하나 더 낳아라
아버님 그러다 쌍둥이 나면
셋이라 또 낳아야 하잖아요
아니다 세발자전거 타 봐라
넘어지지 않는 안심 법이다
시어머니는 여섯이나 낳았다
생기면 생기는 대로 다 낳는
다들 그렇게 사는 시대였다
왜 짝수는 안심되는 숫자고
하나는 홀수라서 불안하고
셋은 홀수여도 안심이라니
아이 잃은 모정이 어쩌려나
젊어서 깨닫지 못하나 보다

말일(봄이 가네)

고운 당신
까치발로 봄
피부는 하얗고
볼은 불그레하고
눈웃음 반짝이지
널 보면 봄처럼 설레지

예쁜 꽃님
피어나는 봄
날씨도 순하고
꽃놀이 만끽하고
산해진미 즐기지
봄 오면 님처럼 달갑지

님도 봄도 가르는 인생길
달력 한 장이 또 넘어가네

통통배(만찬)

여름이다
하늘아래
먹을거리
널부러진
설탕같은
수박처럼
둥근배가
두들기면
통통통통
소리낸다

제 새끼(판박이)

고양이 어미가
새끼를 데리고
세상에 나왔네
제법 자라나서
사람들 앞에서
겁도 내질 않네
애 눈으로 봐도
제 새끼 뻔하네
털색도 표정도
어쩜 똑 닮았나

뒤안길(내리막)

이젠 남몰래
흘리고 산다
땀도 흘리고
눈물도 흘리고
침도 흘리고
소피도 흘린다
내려가면서
새삼 알고 간다
오를 땐
자존감 쌓지만
내릴 땐
불안감 쌓인다

사랑바람(항상 불지)

머무는 곳이 없는
당신 떠도는 바람
눈에 띠지 않지만
볼에 스쳐 가지요
뜨거운 여름날엔
훈훈한 바람이요
쓸쓸한 가을에는
살뜰한 바람이죠
냉랭한 겨울에는
시원한 바람이요
따스한 봄이 되면
포근한 바람이죠
뭉게구름 몰고 와
꽃미소를 뿌리죠
사랑바람 당신은
언제나 찾아오죠

벽꽃이(박제장미)

당신은 장미꽃
이 몸은
당신을 지키는
장미가시
당신이 꺾이면
나도 따라 지죠
당신이 시들면
나도 마르고
물기 다 빠져
오래 오래
한 몸 되어
벽에 걸리죠

빨간 사랑(꿈결 사랑)

점심시간이다
학교식 공장사무실 복도를 따라
사람이 몰려 밖으로 뭉쳐간다
앞선 두 여인이 멈춰 얘기한다
곁을 스쳐가며 흘낏 훔쳐보니
내가 아는 여인들이 날 노린다
언니뻘 동료의 호의를 받들고서
티 나는 빨간색 옷을 입은 여인
내게 다가와선 고기 먹자 조른다
지금은 안 돼 담에 하자 자른다
시간이 지났다
어느새 빨강옷과 고기를 먹는다
서로 통하는 사이라 손도 잡는다
믿음이 쌓일수록 불화도 커진다
세월이 흘렀다
젊어서 밀어낸 어여쁜 빨강옷이
여전히 꿈속에서 내게 다정하다
깨어나 다시금 빨강사랑 꿈꾼다

사랑주(사랑도취)

술이 물든다
조금만 마셔도
홍조꽃이 피어난다
한잔 더 더하면
얼굴 화끈 달아오르고
심장이 빠른 박자 친다
안주도 없어 뱅뱅 돈다
좋다 기분 한잔 더하자
온몸이 붉게 타오르며
정신이 슬슬 술 부른다
그래 우리가 하려던 바
함께 지내며 하기로 해
언제나 이 자리에 앉아
사랑 술에 흠뻑 취하자

초봄 새터(봄이 오네)

병아리 삐약삐약
참새가 재잘재잘
선생님 호각에 맞추는
아이들 소리 싱그럽다
노신사 위로 오르고
아이들 아래로 온다
머리 하얀 신기한 동물에
호기심 시선이 쫙 몰린다
올망졸망 둥근 눈동자가
알쏭달쏭한 근심에 얽혀
겨우내 얼었던 냉가슴을
말끔하게 녹여 씻겨 준다
새내기배움터 행렬 맞아
마음이 따라 유순해진다

아이려니(참고 견디자)

후텁지근한 밤공기 마시며
잠 못 들고 망상에 젖어들면
아랫집 어딘가 뿜어 올리는
정신 맑게 하는 아가의 공명
섬광 번뜩여 번개 내리치는
우레처럼 광란의 포효소리
내일 고된 하루 예고함에도
아이 아이려니 하고 넘기자

이른 새벽 산에서 내려오는
축축한 공기에 실린 메아리
아침을 빨리 여는 선구자들
정신 번뜩이는 꾸러기 합창
천근만근 무거운 눈꺼풀도
번쩍 들어올리게 하는 함성
오늘 혼돈의 날 예측됨에도
아이 아이려니 감싸고 돌자

참사랑(참아라 아가야)

눈을 감으면 초승달 미소
눈이 뜨이면 반달이 방긋
보고 놀라면 보름달 웃음
예쁘고 예쁘다 달님 얼굴
표정도 여러 가지 살갑네
계곡물에 빛살 둘러치면
반짝이 물비늘 흘러가고
가랑잎에 햇살 빗겨 치면
바람이 나뭇잎 스쳐 가지
놀고먹고 떠돌다 멈추면
마침내 보이지 고향 마을
절구에 떡 치며 웃는 엄마
아이 침새김에 저리 가라
소리 높여 더 참아라 하지

낯가림(울먹이 뚝)

저기 앞에 나가는 골목에서
젖먹이 바른 팔에 안아두고
울먹이 치근대는 아기공주
왼손에 채잡아서 다가온다
아가 그리 징징댄다고 엄마
조금도 끔적 안 한다 알거라
울면 울수록 너만 서럽잖아
공주 더 소리 높여 울어댄다
때마침 공주 눈과 마주친다
귀여운 울음소리 딱 그친다
가객은 그냥 웃음 지어 준다
엄마 말에 더 울던 예쁜이가
할배 눈동자에 입을 다문 건
초면에 낯가림 효과 아닐까

말벗(단짝패)

내 곁에 말이야
말을 잘하는 말벗이
하나쯤 있으면 좋겠어
친구 수다 듣고 놀 때면
짧게나마 세상살이 무게
사라져 잊혀질 테니까

내 앞에 말이야
꿈을 잘 꾸는 짝꿍이
하나만 있으면 좋겠어
단짝 해몽 듣고 쉴 때면
한때나마 환상세계 여행
그려져 설렐 테니까

번개모임(불참댓가)

여름휴가 절정기다
딱 일주일간 주어지는
아이들 학원 휴장기로
그것도 들뜨는 주말에
느닷없이 날을 잡았네
가족모임 선택 당연해
불참하고 후일담 보니
부재의 안주거리 됐네
지난번엔 있지도 않은
우울증 환자 만들더니
이번엔 걷지도 못하는
중환자로 뉘어 놨구려
폭염에 잔술도 무서워
안주만 실컷 먹었다네

가을 오네(모임하자)

더위 식히려 모인
시끌벅적 지인들
모두 집으로 갔나
아쉬움 남은 자가
다시 연락 주겠지
어제와 다른 오늘
장거리 왕복주행
피로 쌓여 몰려온
졸음 참아 버티며
낭랑한 노래 듣네
찬비가 내려 한층
시원서늘한 공기
가을이 무르익네
구름도 높이 날지

무위도식(노후일자리)

눈이 제법 쌓였다
하늘도 땅도 하얘지고
막달도 차서 동그란 때
시골 친구들 송년모임에
오랜만에 참석을 하였다
주류와 비주류로 나뉘어
서로 사는 얘기 주고받고
측은한 사정도 들어 주었다
다들 생업 꾸려 간다는데
나만이 안빈낙도 하는구나
내 삶이 너희 로망(roman)일테지
글쎄 너만의 노망(老妄)이겠지
아우성 혀 차며 귓가를 때린다
착각 없이 다시 열일을 바라네

고향언어(말버릇)

도시살며 고향에 놀러 온 누이가
시골집 대청소 진두지휘한다며
어빠 지금 뭐 해, 빨리 이리 와 봐
이 물건 저리 처박아 넣어야 해
동생아 어빠 말고 오빠라고 불러
나이 들어 오라버니라 못 할 망정
오빠라고 불러 주면 어디 덧나냐
어빠 어빠가 어빠지 무슨 오빠냐
얘는 유치원 선생까지 했으면서
애들한테도 어빠라고 가르쳤냐
표준대로 오빠라 말하고 써 줬지
나는 어빠한테만 어빠라 부르지
어려서부터 습관처럼 쓰던 언어
환갑이 넘어서도 고쳐질 리 없네

내가 한 짓(바보 맞아)

혈기왕성 열정이 타올라
아픈 데 없는 젊은 시절
참나무 통장작 실린 지게 놓고
담배 물고 쉬는 어르신 위해서
효심으로 대신 지게 지려 하자
꿈쩍도 않는 묵직한 삶의 무게
순간 당황해 눈앞이 깜깜한데
아저씨가 마침 말하신다
그냥 놔둬라, 내 일이야
경솔한 정신이 번쩍 안도한다
팔순 넘으신 그 분을 경외한다
평생 노력해도 저 무게를
어찌 감당할지 모르겠다
쓸데없이 바보짓을 했다

내 고향(읍이 셋)

앗 뜨뜨 뜨거운 순쌀밥의 향연
엄마가 아랫목에 재워 둔 공기밥
온정을 담아 장작불로 지은 밥
가마솥을 열 때 그 열기 그대로
왼손 오른손 번갈아 곡예 부리며
푸짐한 소반에 올려 상차림하네
씹을수록 꿀맛 더해지는 진상미

음 우우 우아한 전통의 도예촌
장인이 불가마에 재워 둔 토기에
정성을 담아 소나무로 향 더하고
천도 넘는 열기로 화장을 고치고
밤과 낮을 번갈아 지키고 태워서
예술품 단상에 올리어 개봉박두
백자 청자 수려한 명작의 탄생지

고려 초왕 보은으로 하명한 지명
담판으로 나라 구한 충절의 고장
하늘도 감동한 효도 정신 깃들고
지혜로 금송아지 지킨 전설 고을
온천 나고 사통팔달 교통 요충지
먹거리 볼거리 일거리 많은 산촌
도선 반룡송 영웅이 점지된 향촌

하늘아(하늘이시여)

하늘이 하늘로 갔다
어린이가 학생들이
최고 안전할 거라고
당연히 여겨지던 곳
학교 안에서 벌어진
가장 끔찍한 칼춤의
희생양이 된 하늘이
안전관리 선생님 말
제일 잘 따르는 나이
주검이 뭔지도 모를
천진난만한 시절에
새싹지킴이 활동도
담당했던 여선생이
저지른 묻지 마 폭력
아무나 골라 저승길
함께하리란 인면수심
이례적 우울증 만행
어른들이 선생들이
지켜주지 못한 죄로
영원히 널 기억할게

홀로 외침(미운 메아리)

소리 높여 말하지만
아무도 듣질 않는다
야호야 야호 야호야
정상 아래 산들에서
연분홍 빛깔의 꽃물
어제보다 세력 넓혀
정신 멍하게 흘린다
서른 전 메아리사랑
약속 지킨 적 없듯이
야속하게 또 속인다
잊혀지길 바란 얼굴
돌아온 얄미운 미소
밉지만 딴도리 없는
벚꽃은 또 피는구나

비움(연심털기)

푸른 파도가 요동칠 때
가슴에 하나씩 쌓았다
마음속 하나를 지운다
그리고 또 하나도 지운다
하나와 또 하나는 다르지만
둘 다 설렘의 하나였다
젊음은 백발로 진다
별 약속도 기념도 없는
평범한 일상이 좋아진다
살아가며 꿈이 바뀌고
사랑보단 건강 바란다
홀몸으로 탈바꿈한 날
솜털의 가벼운 무게로
편안함 나누면 좋으리

미운사랑(불장난)

주홍빛 물들은 당신은
물거울을 보며 뽐냈지
난 그 거울 속에 들어가
홍시인형 또 바라보지
씁쓸한 녹차잎 찻잔에
내 맘을 녹여 휘저으며
인형은 몹쓸 마녀라고
더는 마술에 홀림 안 돼

하늘빛 색칠한 당신도
연못물에 비춰 샘내지
난 그 연못 속에 들어가
파란 연꽃 찾아 헤매지
씁쓸한 연근잎 술잔에
내 꿈을 녹여 휘저으며
연꽃은 나쁜 악동이야
더는 장난에 속음 안 돼

별리(몌별)

찬찬히 보자
기회가 왔다
빛바랜 별님
사랑 물들어
고백만 답답
고운 손 한번
잡지 못하고
마음만 움킨
젊은 날 추억
한때 불장난
미련 떨었네
먹구름 덮여
그늘진 얼굴
설산 떠도네

형제애(상호작용)

오빠는 너그럽다
누나는 다정하다
오빠라서 믿음이
누나라서 안심이
치사랑이 따습다

동생은 새침데기
누이는 말괄량이
동생이라 챙기고
누이라서 감싸며
내리사랑 살갑다

우스갯소리(농담)

내 보기엔 사소한 얘긴데
내 동생이 하하하 웃는다
왜 웃지 엉뚱해 보이는데
동생은 행복해한다

나도 모르게 낄낄낄거린다
잠자리 누워서 낮의 농담이
아주 흔해서 별것도 아닌데
동생처럼 즐겨 웃는다

거울효과(잉꼬사랑)

그분 계산을 한다
지성과 기념을 기억하려 애쓴다
여행을 하게 되면 미리 설계한다
길찾기 맛집예약 밤축제 즐긴다
계획대로 실행되길 바라고 빈다
만족보다 지혜로움을 생각한다

그인 계산이 없다
감성과 풍광을 추억하며 즐긴다
여행길은 즉흥적 선택을 잘한다
가는 곳이 맛집이고 금강산이다
여정이 꼬여도 고진감래 말한다
상심보다 경험이라 털어버린다

그들은 많이 다르고 안 맞는데
꼭 붙어 다니니 신기할 뿐이다

김장철(봐야 배우지)

흩어진 가족들이 모여서
왁자지껄 김장을 담근다
애기가 호기심 가득해서
유모차 타고 빙글이 돌고
어린이 된 아이는 신이나
이리저리 눈구경 챙기고
소녀는 먹을거리 찾아서
엄마들 곁을 서성거리고
대학생이 되니 허드렛일
거들면서 일손 돕는구나
엄마들 자식 아끼는 짓이
아이들 일머리 늦추지만
보는 것도 일하는 것이라
추켜세워 보듬어 준다오

동상이몽(해바라기)

꽃님이는 여전히 홍조빛 얼굴하고
벚꽃길 가로수를 후다닥 달아나지
나무꾼은 더듬더듬 작대기 디디며
천천히 그 길을 걸음마로 내딛지
가는 길은 같아도 속도는 달리하지
꽃잎은 바람결에 훨훨 날아가지만
벌나비 꿈결 따라 갈래길 방황하며
이리저리 헤매어도 목적지 하나지
님이라 뒤꽁무니만 쫓는 동반자여
꽃길만 걸으리란 뜬구름 거두소서
다들 늙어가는 순리를 잘 따르지만
눈가주름도 없이 나이든 백장미는
흰머리 달고 멀리서 후광 뿜어내며
오로라 섬광처럼 황홀경 선물하네

너만 바라봐(넌 모를 테지)

하늘엔 하얀 구름이 붕 떠 있고
계곡엔 큰 벚들이 살랑거린다
그 아래 머리 올린 여인 있다
겨드랑이에 옭아맨 치마 입고
둥근 바위 평면에 편히 앉아서
무릎에 차있을 물을 바라본다
바른쪽 낯이 보이게 돌린 채로
쓸쓸한 각으로 수심을 씻는지
물속 거울로 자연미 뽐내는지
뒤태론 머리 감기조차 모른다
열 발치 가니 옆모습이 보인다
선녀가 고개 숙여 엽서를 핀다
나무 틈새로 고운 살결 환하다
관찰만으론 얼굴 알지 못한다

정신 차려(화내지 마)

요즘 자꾸만 놓친다
애란의 첫 마디 말을
알아들은 척하지만
되짚을까 봐 걱정이
어제도 오늘도 든다
내 말 뭐로 들은 거야
따지고 들면 조바심에
난감 겹쳐 쌓이겠지
무심하리라 빌면서
향기 없이 예쁜 모란
더는 화내지 않도록
정신을 바짝 차리고
뜻하는 말 마디마디
필히 뇌새김 해야 해

녹초(불씨)

오늘은 늦도록 일을 많이 했다
일할 때 떠오른 금빛 아침 해처럼
고개 떨군 반달이 동쪽에서 피었다
달이 고개 들어 남쪽에 꼿꼿이 선다
주말전야 사랑님 약속 받아 따른다
야식에 술 한잔 걸치며 밤이 흐른다
반달은 이제 배 내밀어 고개 저친다
술이 차고 흥도 북돋아 새벽 달린다
느닷없이 술주정하듯 사랑끼리 다툰다
도리 없이 뒤돌아 배회하며 술이 깬다
어쩌려고 사랑은 왜 했나 화도 난다
몸도 지치고 맘도 지치는 날이구나
달이 누워 유유히 서산을 향해한다
주말엔 잘못했다 사랑께 다짐할 테지

계절타기(봄은 온다)

잠 못 드는 여름밤엔
겨울이 났다 하지
더위가 식어 가면
시원해 가을 좋다 하지

추위 깨는 겨울밤엔
여름이 났다 하지
추위가 물러나니
따스해 봄을 칭찬하지

열대야(파란불)

익은 감처럼 빨간 해가 지평선에
얼굴 빼쭉 내밀 땐 바람 살갑다
숲나무들이 금빛 바람을 받아서
살랑살랑 리듬 타며 산들춤 춘다
점점이 흩뿌려진 큰 잎새 나무들
금빛을 받아쳐 반짝반짝 빛난다
서늘한 공기타고 날아가는 새들
어제보다 더 생기 있게 지저귄다
역대 최장기록 또 세운 열대야가
어제부로 마감한 하늘이 파랗다
아직 낮더위가 있기야 하겠지만
푸른 창공 아래 펼쳐진 녹색지대
안에서 맴도는 매미들 합창소리
더 이상 시끄럽지 않고 감미롭다

꿀잠(보약이지)

여지없이 틀림없이
숨 막힌 여름은 간다
매미의 떼창은 줄고
귀뚜라미 합창 크다
하릴없이 어김없이
시원한 가을이 온다
능소화 통째 떨구고
산딸 빨갛게 물든다
밤이 고되지 않도록
개운한 잠을 이룬다

소망(긴 꿈)

밤이 최장 길어질 때
깜깜한 잠자리 들어서
그제는 회사 친구랑
공사를 치르며 논했고
어제는 고향 친구랑
술자리 치르며 놀았네
그저께 꿈은 노래했고
어젯밤 꿈은 춤추었네
달님이 깊은 잠 청하면
오늘 꿈은 어찌 되려나
노래와 춤 같이하려나
새로운 희망을 바라네
밤새 뒤척여 깨지 말고
자존감 완전 충전되길

자기 수련(나를 지키자)

깨지 말자
너의 그 꿈을
희망 잡지 못하여도
절대 포기하지 말자

잊지 말자
너의 그 맘을
사랑 이루지 못해도
결코 미워하지 말자

잃지 말자
너의 그 힘을
장수 믿음 멀어져도
절대 목숨 걸지 말자

놓지 말자
너의 그 감을
오감 신경 무뎌져도
결코 정신 놓지 말자

천성(습관)

사람 간에 버릇은
한 단어 차이라네
말이 다를 뿐
야, 똑바로 해라
응, 똑바로 하자
생각이 다를 뿐
야, 내가 맞아
응, 나도 맞아
철학이 다를 뿐
야, 생각 좀 해라
응, 생각해 보자
성격이 다를 뿐
야, 빨리빨리 가
응, 빨리 가야지
재능이 다를 뿐
야, 그것도 못해
응, 그만함 됐어
야와 응 틈엔
틀림은 없다
다름만 있다

한끗차이(인생은 빼기)

어떤 사람과 교류이냐 따라
인생경로 많이 달라질 거야
연탄 가까이하면 손이 검고
꽃을 가까이하면 맘이 밝지
첫눈에 반해 님으로 섬겨도
어느 순간 아니꼽게 거슬려서
빗금 쳐지면 남이 되고 말지
인상이 좋아 기쁨을 주지만
잔소리에 마음 상처 깊어져
답답한 숨 가쁨에 가슴 치지
나이 들수록 자꾸만 하나씩
하루하루 지워가며 버티지
건강한 몸과 정신 지켜지길
기억이 지속되길 빌게 되지

바른생활(심신안정)

시간을 되돌릴 수 없듯이
스쳐간 인연도 마찬가지지
세월은 앞으로만 흘러가지
익숙해 편해진 일상생활이
무탈로 지나가야 행복이지
나이도 모른 채 바삐 살다가
찌든 연세를 느끼며 사는 게
한편으론 슬프기도 하지만
어쩌다 조금만 벗어난 별일이
몸 아프고 맘 상하는 방아쇠로
또다시 반복 재생되지 않도록
날마다 상황에 맞는 자신만의
놀거리 먹거리 찾아 긍정하며
바른 마음가짐 행동 필요하지

봄 그리기(수채화)

숲처럼 생긴 정원
연두색 넓게 펼쳐
차분한 바탕 깔고
분홍색 두루 뿌려
열정의 사랑 돋고
노랑색 띠줄 쳐서
화사한 춤을 추고
하얀색 하늘 뭉게
순수한 마음 담고
보라색 첨탑 세워
존엄한 시선 끌고
사람들 색동 입혀
곳곳을 돌게 하면
봄이란 작품 완성

이상한 여름(꿀도 바뀌지)

올해는 여름이 재빨리 와버렸어
역대급 무더위가 온다는 예보다
지난번 산속에 피었던 아까시꽃
꿀맛 보려고 송이째 꼭지 따니까
꽃잎이 힘없이 두르룩 떨어졌다
이래서 꿀벌이 없구나 직감했다
요사이 핀 밤나무꽃은 다르더라
더위에 강한지 꽃도 오래가더라
꿀벌도 부지런히 나들며 일한다
가을 수확철이 다가오면 바꾸리
일찍 시들어 진 아카시아꿀보다
밤꿀이 진귀한 꿀향기 뿜을 테니
어려서부터 친숙한 흔한 취향이
날씨 이변에 도리 없이 변하겠지

조석(해와 달)

빛이 살아서
반짝반짝거린다
아침해 정겨운
살뜰한 빛을 받아
숲속에서 춤을 춘다
옹달샘 물비늘이 출렁인다

빛이 여울져
살랑살랑거린다
보름달 다정한
은은한 빛을 받아
시냇물이 가락 친다
폭포수 고인 물에 윤슬 인다

새해 아침(밝은 해)

별이 먼 길 달려와선
서산 기슭에 기대고
구름이 별을 덮어 재운다

동산 재 너머에서
붉은 해가 막 떠오르며
천지에 황금빛을 뿌린다

어제는 없었던
새들의 낭랑한 합창이
차가운 공기를 타고 퍼진다

차분해진 마음으로
시를 읊고 노래도 부르니
용광로 열정이 솟구친다

산타기(술도 한잔)

높은 산으로 갔다
겨울에 멈췄던 계곡에
냇물이 졸졸졸 속삭인다
정상 아래 그늘진 곳엔
아직 동장군 흔적 있다
새로 장만한 장비도
길을 들여 친해졌다
하산하고 주막에 들러
산채비빔밥 배 채우고
동동주 한 바가지 떠서
촛대바위 향해 고수레
불경기라 달래지 말고
축제처럼 들뜬 홍주가
연말로 계속되길 빈다

야간경기(시원하네)

낮이 긴 날 달도 밝아
강변에 짜여진 공터서
가위바위보 승부 내서
아홉씩 두 편을 가르고
한쪽은 공을 던지고 받고
상대는 공 치는 놀이 한다
근육질 허리 굵은 친구는
쳤다하면 장타나 홈런이고
날쌘돌이는 연달아 도루다
삼진보다는 사사구가 많다
점수는 무슨 농구하듯 오른다
전문투수가 없어 실점이 많다
그래서 시간은 빠르게 흐른다
더위도 강물에 씻겨 잊혀진다

은퇴적기(연세 입문)

내 말이야
한 바퀴 돌고 아쉬워
반 바퀴 더 돌던 시절
때론 두 바퀴를 돌아도
거뜬한 체력을 가졌던
젊은 청춘도 있었다
재밌게 시합도 했지

난 말이야
반 바퀴 돌고도 겁나
반 바퀴나 또 도니까
때론 마지막 홀 남겨도
버겁고 심신이 아찔한
이런 추억도 생기네
재미난 대화도 안 돼

여배 열기(리듬 타기)

실수도 자신 있게
안 돼도 함박웃음
꼬여도 여유 있게
폭탄 돌리기 말고
아기 다루듯 하자
용기를 돋는 건지
극대노 하는 건지
감독 표정도 모호
공방벌이다 동점
이삼대이삼 꿀잼
연속연장전 심쿵
조마조마한 가슴
부여잡고 아아악
파도타기 뜨겁다

지각(학교는 가야지)

정오가 다가오는데
엄마가 학교에 간다
후문에서 뒤돌아서며
빨리 와라 소리친다
화단 나무보다 작은
여아가 싫은 티 내며
어그적 문턱 건넌다
엄마 학교를 떠나고
아이들이 몰려나와
식당으로 줄지어 간다
조금 전 구면 된 아이가
줄을 따라 깡충거린다
학교가기는 참 싫은데
급식은 꽤 좋은가 보다

부부싸움(이겨도 진다)

멀리서 작고 귀여운 애기가
아장아장 걸어오는가 싶다
편안히 얌전히 바라보인다

저기서 어여쁜 소녀가 선다
매무새 다듬고 눈을 밝힌다
호감형에 절친이 되고 싶도다

가까이 선녀님이 춤을 춘다
눈길도 마음도 콩깍지 된다
소중한 심장도 내주고 싶다

눈앞에 마녀가 솟아 있다
거인처럼 거칠게 죄어든다
열정도 사랑도 두려워한다

거인을 다시 멀리 보내어서
작은 인형으로 만들고 싶다
그냥 바라보며 안도할 테니까

저출생(만혼 후폭풍)

남자 하나가 여자 하나를 만나 비밀연애 끝에
양가 부모님 모시고 드디어 결혼식을 올릴 때
사위가 장인께 하례식 축하공연을 선사하는데
쌍둥이 남자 둘이 묘기를 부리어 박수를 받고
쌍둥이 여자 둘이 민요와 가요로 하객 흥 돋고
다시 쌍둥이 남매가 개가수라며 배꼽 쏙 뺀다
장인이 사위에게 하나같이 일란성 가객 모아
멋진 공연을 펼치는지 신비롭다고 놀라워하니
사위가 이실직고하길 사실 저도 일란성입니다
똑 닮은 남동생을 오라해서 정중히 인사시킨다
장인 박장대소하며 당신도 딸이 셋인데 모두가
생일도 얼굴도 키도 같다며 처제 둘 소개한다
만혼 인공수정 증가로 쌍생아 출산 느는 추세
머지않아서 결혼 풍속도 변화 뇌리에 스쳐간다

남자란(여자가 안다)

점심 식탁에 수다 떨다
가희가 반쪽이 걱정에
스피커 전화를 때린다
약속 점심 먹고 갈게요
찬찬히 즐기고 오라네
자기 남편 자상하다고
다들 칭찬세례 날린다
나희는 신랑 전화하면
왜/뭐/어 세 자로 끝나
나희야 남편과 똑같다
어쩜 흉내 그리 잘 내
다희는 그래서 남군과
전화도 않고 산다 하지
라희는 묵언 수행하다
뭐도 있는 게 더 좋다
추억은 다 허깨비니까
옆에서 엿듣는 남자는
친구들이 어찌 평할까
오만상 표정을 감추고
여심을 알아가야 한다

어쩌나(혼돈)

멀리 보면 네 다리 쫙 펴고 누워서
머리 세워 조는 귀여운 고양이가
가까이 가서 보니 눈매가 사나운
흉포한 호랑이로서 맞닥뜨렸다면
당신은 찰나에 어찌 할 것인가요
고양이 다루듯 가서 머리 쓰담고
다리 들어 흔들어 줄 수 있을까요
아니면 슬쩍 뒷걸음쳐 험한 곳을
무사히 **빠져나올** 확률을 믿나요
오히려 타잔처럼 당당히 맞서서
운명의 시계를 저울질할 건가요
눈감고 누워선 죽은 듯 위장하여
모든 패를 상대에게 맡길 건가요
변장한 호랑이 신령이길 빌까요

장마기록(다시 쓸까)

내일 아침 장마 시작이라네
몇 해 전엔 마른 장마로 와서
기록적 가뭄에 세상 마르고
다음엔 최장기 장마 늘어져
빛이 모자라 상품질 떨구고
또 최단기 장마 지나자마자
기록적 물폭탄에 수해 컸고
작년엔 최우량 장마가 와서
채소 과일 고물가 시름했지
올해 장마는 어떤 기록 세워
세상을 벌주고 어지럽힐까
매년 기록경신 경합 벌이고
태풍급 강풍 동반 예보라니
예측불허 장마 경각심 크네

한강님(위인 되다)

한강 기적
또 흐른다
인문의 별
상상 실현
열광 일어
인쇄소 밤새워도
매대는 채우자 빈다
말잔치 안하고
백자편지로
인사 전하고
생명파괴 행위 반대를
문학으로 외친다
나보다 어린데
어른 티가 난다

갈아타기(환생)

산 자가 사자를 만나
껍데기 통째 버리고
영혼을 빼서 맡긴다
고작 백년 빌어 살며
고락 담아 버무려진
육체에 손 인사 한다
나비가 소식 전하사
산 자들이 몰려들어
불쌍한 추모를 한다
천수를 다한 낙화의
기억을 모두 지운다
망각의 강물로 씻어
새로운 혼을 만들어
인생을 바꿔야 한다

장발(변신)

지난
여름은
정말 무더웠지
머리 빡빡 깎고서도
시원하단 소릴 못 들었네
가을 넘어 겨울이 다가오니
독사진 보고 문득 드는 생각은
올 겨울은 내내 머리도 수염도
생기고 자라는 자연 그 상태대로
한 번 깎지 않고 버티면 어떨까
봄에 다가선 모습 어찌 변할까
살아서 생각도 안 해 본 시도
어쩌면 해 볼까 하네
바로 지금부터
장발로
출발

면도유희(수염깎기)

아침을 열고 거울에 들어간다
면도기 손에 쥐고 조준한다
검은 기 빠진 난잡한 수염을
둘레치기 해서 눈뭉치 만다
가운데 파서 기둥 하나 남겨
감격의 소리 "오"자 조각해서
오 상쾌한 아침을 맞이한다
아랫입술 다듬고 깎아내서
음메 송아지 "소"자 변신시켜
아침을 달라고 노래 부른다
다시 알파벳문양 "∧"을 만들어
오늘도 빛나게 살자 외치며
마침내 코털도 다 거둬내고
반짝이 얼굴에 미소 짓는다

시랑노랫말

ⓒ 박올보, 2025

초판 1쇄 발행 2025년 5월 7일

지은이	박올보
펴낸이	이기봉
편집	좋은땅 편집팀
펴낸곳	도서출판 좋은땅
주소	서울특별시 마포구 양화로12길 26 지월드빌딩 (서교동 395-7)
전화	02)374-8616~7
팩스	02)374-8614
이메일	gworldbook@naver.com
홈페이지	www.g-world.co.kr

ISBN 979-11-388-4249-5 (03810)

- 가격은 뒤표지에 있습니다.
- 이 책은 저작권법에 의하여 보호를 받는 저작물이므로 무단 전재와 복제를 금합니다.
- 파본은 구입하신 서점에서 교환해 드립니다.